Sabine Ludwig

Frieda Frosch

11 Achtminuten-Geschichten

Illustrationen von
Gisela Degler-Rummel

Carlsen-Verlag · Hamburg

2. Auflage 1991
© Carlsen Verlag GmbH, Hamburg 1989
Einband von Gisela Degler-Rummel
Lektorat: Ursula Heckel
Gesetzt aus der Trump von Dörlemann-Satz, Lemförde
Druck- und Bindearbeiten: Uebereuter, Korneuburg
ISBN 3-551-55024-7
Printed in Austria

Inhalt

Seifenblasen

Ist es euch schon einmal passiert, daß ihr eine Straße entlanggegangen seid, und plötzlich fallen Seifenblasen vom Himmel, große und kleine, in allen Farben des Regenbogens schillernde? Ja? Dann seid ihr sicher stehengeblieben und habt nach oben geschaut und gesehen, daß von einem der vielen Balkone, an einem der hohen Häuser, Seifenblase für Seifenblase in die Luft steigt. Und ihr habt euch gefragt: »Wer macht die bloß?« und seid dann weitergegangen.

Aber wenn ihr genauer hingeschaut hättet, dann hättet ihr vielleicht hinter den Blumenkästen etwas gesehen: ein paar spitze Ohren oder eine kleine Hand, die einen Strohhalm hält.

Die Ohren gehören Ottokar, und die Hand gehört zu Sebastian. Ottokar ist ein Kater, graugetigert mit weißer Brust und schwarzen Pfoten. Sebastian ist ein Junge mit blonden Haa-

11

ren und einem rotweißen Ringelhemd. Die Leute im Haus sagen zu ihm »kleiner Sebastian«, dabei ist er schon fünf, aber er geht noch nicht in die Schule.

Sebastian ist sehr froh, daß er nicht in die Schule muß. Sebastians Mutter muß nämlich jeden Tag in die Schule gehen, und wenn sie nach Hause kommt, dann sagt sie oft: »Oh, diese Schule! Die macht mich noch ganz kaputt!«

Und das alte Fräulein Niedermaier von nebenan erzählt Sebastian: »Früher, als ich zur Schule ging, da mußten wir sechs Stunden ganz still auf unserem Platz sitzen und durften keinen Mucks machen, sonst kam der Lehrer, und dann . . .«

Sebastians Vater geht nicht in die Schule, er geht in ein Büro, aber sehr vergnüglich ist das auch nicht. Manchmal kommt er abends nach Hause und sagt: »Ich bin tot!«, läßt sich aufs Sofa fallen und bleibt liegen.

Dann kommt Sebastian, setzt sich rittlings auf ihn drauf, kitzelt ihn und ruft: »Du lebst, du lebst!« Bis sein Vater erst mit dem einen Auge blinzelt, dann mit dem anderen, schließlich

prustet und strampelt, um dann – plumps! – vom Sofa zu fallen, zusammen mit Sebastian.

Eigentlich haben Ottokar und Sebastian den meisten Spaß. Wenn Sebastian mittags aus dem Kindergarten kommt, läuft er neuerdings als erstes in die Küche, kippt etwas Seifenpulver in eine Tasse, verrührt es mit Wasser, bis sich kleine Blasen bilden, holt einen Strohhalm und geht auf den Balkon. »Aber nicht etwa trinken!« ruft ihm seine Mutter hinterher.

Sebastian stellt sich an das Balkongeländer, und zwischen zwei Geranienkästen schaut er hinunter auf die Straße.

Ottokar ist ihm hinterhergekommen, mit einem einzigen Satz springt er auf den Balkontisch und beginnt sich zu putzen. Die Leute auf der Straße interessieren ihn nicht, auch nicht Sebastians Seifenblasen, die durch die Luft schweben und dabei ständig ihre Farbe wechseln: purpurrot, violett, dann blau und grün, schließlich werden sie ganz golden, aber nun platzen sie auch schon. Seit Ottokar eine Seifenblase auf der Nase zersprungen ist, hält er sich von ihnen fern.

Aus der Haustür kommt gerade das alte Fräulein Niedermaier. Sie bleibt stehen und schaut den Seifenblasen hinterher. »Oh, wie hübsch, das erinnert mich an meine Kinderzeit!« ruft sie glücklich.

Ein Auto hält am Bordstein. Das ist das Auto von Herrn Schmittke, dem Hausmeister. Sebastian erkennt es sofort, denn es glänzt immer wie frisch gewaschen. Gerade als Herr Schmittke aussteigt, landet eine große Seifenblase auf dem Autodach und macht PLATSCH! »So eine Schweinerei!« schreit Herr Schmittke, zieht einen Lappen aus der Hosentasche und wischt den Seifenfleck weg.

15

Aber nun kommen immer mehr Seifenblasen, setzen sich auf die Kühlerhaube, die Stoßstange, die Wagenfenster, und Herr Schmittke putzt und putzt. Zwischendurch schaut er nach oben, um den Übeltäter zu entdecken, aber Sebastian zieht jedesmal den Kopf ein.

Die feine Frau Gramlich mit ihrem silbergrauen Pudelchen tritt auf die Straße. Als sie die Seifenblasen sieht, hält sie beide Hände über den Kopf, um ihren neuen Hut zu schützen. Dabei läßt sie die Leine los, der Pudel läuft auf Herrn Schmittkes Auto zu, hebt ein Bein ...

»Püppi! Püppiii!« ruft Frau Gramlich. »Pfui, laß das!«

»Was fällt Ihnen ein, den Hund frei laufen zu lassen?« poltert der Hausmeister und hat für einen Augenblick die Seifenblasen vergessen.

Frau Gramlich nimmt Püppi auf den Arm und geht schnell davon.

Sebastians Seifenschaum ist fast alle, er macht eine kleine Pause.

Als Herr Schmittke sieht, daß keine neuen Seifenblasen kommen, geht er, vor sich hin brummelnd, ins Haus.

Ein merkwürdiges Geräusch ertönt nun vom unteren Ende der Straße her, es klingt, als ob ein kleiner Elefant herantrampelt.

»Jetzt kommt Frieda!« sagt Sebastian zu Ottokar und läßt einen Seifenblasenregen auf die Straße niedergehen.

Nun ist sie auch schon zu sehen: Pferdeschwanz und Schulmappe wippen auf und ab, denn Frieda läuft nicht, sie hüpft von einem Pflasterstein zum anderen, immer darauf bedacht, nicht auf eine der Fugen zu treten. »Man darf nicht auf die Linie kommen, das gibt Unglück«, sagt sie immer.

Als Frieda die Seifenblasen sieht, hält sie an, legt die Hände trichterförmig vor den Mund und ruft in den zweiten Stock hinauf: »Huhu! Sebastian! Schenk mir eine Zauberkugel!«

Und Sebastian pustet ganz behutsam in seinen Strohhalm, und eine ganz besonders große Blase bildet sich. Schwerfällig setzt sie sich in Bewegung, segelt ganz langsam hinunter, direkt auf Frieda zu.

»Ich kann alles sehen: Unsere Straße, das Haus und mich, alles ist in der Kugel drin, und alles

steht auf dem Kopf!« Frieda ist ganz aufgeregt.

PTSCH! macht die Zauberkugel, als sie auf das Pflaster fällt. Nur ein runder, feuchter Fleck bleibt von ihr übrig.

»Soll ich dir noch eine machen?« ruft Sebastian von oben herunter.

»Nein«, antwortet Frieda, »nur eine von Hundertmillionentausend Seifenblasen ist eine Zauberkugel, und außerdem habe ich Hunger.« Sie winkt Sebastian zu und geht ins Haus.

Frieda ist das klügste Mädchen, das Sebastian kennt, sie weiß alles, aber schließlich geht sie auch schon zur Schule. Frieda ist die Tochter von Frau Frosch und wohnt im Seitenflügel, über den Hof und drei endlos lange und steile Treppen hoch. Frieda ist oft allein. Aber sie ist gern allein; dann kann sie soviel Schokolade essen und soviele Mickymaus-Hefte lesen, wie sie mag, oder sich etwas ausdenken.

Am liebsten spielt sie mit Sebastian, denn Sebastian bewundert Frieda, obwohl er sie manchmal auch ganz schön schrecklich findet; vor allem dann, wenn sie ihm Gruselgeschichten erzählt und er nachts nicht schlafen kann, weil ein Gespenst unter seinem Bett liegt, um ihn im Schlaf aufzufressen. Aber dann kommt Ottokar, legt sich auf Sebastians Füße, und alles ist wieder gut, und Sebastian träumt von einer riesengroßen Seifenblase, in der er sitzt und die mit ihm hoch in die Luft steigt, höher und immer höher.

Herr Schmittke wundert sich

Sebastian hockt auf dem kleinen Rasenrondell im Hof. Mit seiner Buddelkastenschaufel gräbt er ein fingertiefes Loch.

»Was machst du denn da?«

Sebastian dreht sich um. Hinter ihm steht drohend Herr Schmittke, der Hausmeister.

»Ich pflanze«, entgegnet Sebastian und hält einen Primeltopf hoch.

»Die sind ja ganz vertrocknet«, brummt Herr Schmittke.

»Meine Mama sagt, sie sind nur verblüht, und wenn man sie in die Erde setzt, dann kommen neue Blumen.«

»So ein vergammeltes Zeug kommt nicht in meinen Rasen, wo kämen wir hin, wenn jeder ...«

Der Hausmeister nimmt Sebastian das Primeltöpfchen weg. »Und deine Schaufel gib mir auch gleich her, damit du hier nicht noch mehr Löcher gräbst.«

Herr Schmittke trägt alles zu den Mülltonnen

und wirft Blumen und die Schaufel hinein.
Dann schiebt er Sebastian beiseite: »Geh rauf,
wo du hingehörst, Lausebengel!« und tritt das
Loch im Gras wieder zu.

Als Herr Schmittke im Seitenflügel verschwunden ist, geht Sebastian auf den Hof zurück und
zu den Mülltonnen. Er will seine Schaufel wie-
derhaben. Aber so sehr er sich auch reckt, an
den Deckel der Tonne reicht er gerade mit den
Fingerspitzen.

Da ist ein Poltern aus dem Seitenflügel zu hören, Frieda kommt auf den Hof gehüpft. Sie
dreht sich im Kreis und streckt ein Bein in die
Luft. »Guck mal, Sebastian, ich bin eine Balle-
rina. Ich kann tanzen!«

»Du kannst überhaupt nicht tanzen, du bist
viel zu dick!«

Sebastian hat schlechte Laune.

»Ich bin nicht dick, ich bin kräftig, siehst du?«
Frieda hebt Sebastian in die Höhe und wirbelt
ihn durch die Luft.

»Mama!« schreit Sebastian ganz laut, und Frieda läßt ihn wieder los.

»Ein richtiges Mamakind bist du, hast wohl

noch Windeln an?« Sie klopft ihm auf den Po. »Schnullerbaby, Flaschenkind, sag mir, wo die Windeln sind . . .« trällert Frieda.

»Frieda?« Sebastian ist etwas eingefallen. »Du bist doch so groß und stark. Holst du mir meine Schaufel da raus?« Und er zeigt auf die Mülltonne.

»Wer hat die denn da reingeworfen?«

»Das war der alte Ssmittke«, lispelt Sebastian und erzählt Frieda, was passiert ist.

»Der soll sich nur vorsehen, daß ihm nicht mal was passiert«, raunt Frieda verschwörerisch und fischt die Schaufel aus der Tonne.

»Erwachsenen passiert nie etwas, wenn sie böse sind«, meint Sebastian.

»Wart's nur ab, noch bevor die Sonne untergeht, hat ihn meine grausame Rache ereilt.«

»Kann ich mitmachen?« bittet Sebastian.

»Du darfst zuschauen, komm mit!« Frieda dreht sich um und marschiert ganz zackig wie ein Soldat über den Hof zum Seitenflügel. Da wohnt Frieda mit ihrer Mutter, der Frau Frosch, im dritten Stock. Stufe für Stufe klettert Sebastian der fröhlich pfeifenden Frieda hinterher.

Frau Frosch ist nicht zu Hause. Frau Frosch ist eigentlich nie zu Hause, denn sie ist Krankenschwester und arbeitet am Tag und in der Nacht.

Frieda hat eine Schnur um den Hals, daran hängt der Schlüssel, mit dem sie jetzt die Wohnungstür aufschließt. In der Küche steht eine halbvolle Puddingschüssel. Frieda kann nämlich kochen. Jeden Mittag, hat sie Sebastian erzählt, wenn sie aus der Schule kommt, kocht sie sich einen Pudding und ißt ihn ganz allein auf.

Sebastian taucht seinen Finger in die Schüssel.

»Ih! Da sind ja Klumpen drin!«

»Das muß so sein«, sagt Frieda, »die Klumpen sind das beste.«

Frieda hat eine Tüte mit Luftballons geholt.

»Jetzt mußt du gut aufpassen, damit du es später mal selber kannst!« Sie stülpt das offene Ende eines blauen Luftballons über den Wasserhahn und läßt vorsichtig Wasser hineinlaufen. Der Ballon wird größer und größer, schließlich sieht er genauso aus, wie wenn man ihn voll Luft gepustet hätte.

Frieda zieht ihn vom Wasserhahn ab und macht oben einen Knoten hinein. Der Ballon ist jetzt sehr schwer, sie trägt ihn mit beiden Händen. »Los, mach die Tür auf, ich hab keine Hand frei!«

Sebastian hängt sich an die Klinke, die Tür geht auf.

»Wir müssen noch eine Treppe höher.« Frieda schreitet hocherhobenen Hauptes voran. Im vierten Stock öffnet Frieda das Fenster zum Hof und schaut hinaus, den Ballon hat sie auf das Fensterbrett gelegt. Niemand ist unten zu sehen. »Jetzt müssen wir nur noch warten.«

»Aber ich seh ja nichts!« jammert Sebastian.

»Du gehst jetzt runter, klingelst bei Schmittke und versteckst dich schnell hinter den Mülltonnen. Dann wirst du schon was erleben.«

Der Weg die vier Treppen hinunter ist sehr lang.

»Beeil dich, du bist doch kein Baby mehr!« ruft Frieda Sebastian hinterher.

Endlich ist er im Erdgeschoß angelangt. Vorsichtig schleicht er zur Tür von Schmittkes und lauscht. Drinnen läuft der Fernseher.

Sebastian streckt sich in die Höhe, wird lang und immer länger, aber an den Klingelknopf reicht er trotzdem nicht heran. Herr Schmittke hat ihn extra ganz oben angebracht, damit nur erwachsene Leute bei ihm klingeln können. »Kinder sind keine Mieter, Kinder haben von mir nichts zu wollen!« sagt Herr Schmittke. Sebastian überlegt, dann tritt er mit dem Fuß so fest gegen die Tür, wie er nur kann, und läuft hinaus auf den Hof; dort hockt er sich

hinter zwei Mülltonnen, so daß er durch den
Spalt alles genau sehen kann.

Herr Schmittke hat die Tür geöffnet, schaut
nach rechts, nach links, schließlich tritt er
zwei Schritte in den Hof und sieht sich um.
»Verdammte Gören!« schimpft er und will gerade wieder in den Flur zurück, da saust etwas
Blaues vom Himmel herunter, Herrn Schmittke
vor die Füße, platzt, und der Mann ist naß bis
zum Hals.

Im vierten Stock wird lautlos ein Fenster geschlossen.

»Wenn ich euch erwische!« schreit Herr Schmittke und stürzt die Treppe hinauf, eine feuchte Spur hinterlassend.

Frieda sitzt längst wieder vor ihrem Pudding.

Und Sebastian läuft blitzschnell über den Hof ins Vorderhaus, beinahe hätte er noch seine Schaufel vergessen.

Das alte Fräulein Niedermaier kommt gerade ins Haus. »Na, Sebastian, du willst sicher auf den Spielplatz und Sandkuchen backen, nicht wahr?«

Sebastian nickt und läuft an ihr vorbei.

»Einfach reizend, wie lieb die Kinder spielen«, murmelt Fräulein Niedermaier und wackelt ein wenig mit dem Kopf.

Herr Schmittke aber rennt pitschnaß durchs Haus und sucht die Übeltäter. Nur: Finden wird er sie nicht.

Was stinkt denn da?

Sebastian und Frieda sitzen auf der untersten Stufe der breiten Treppe im Vorderhaus, es ist gerade Mittagszeit. In der einen Hand hat Frieda eine große Stulle, mit der anderen würfelt sie.

»Da, schon wieder eine Fünf! Wenn du jetzt keine Sechs schaffst, hast du verloren!«

Sebastian läßt den Würfel einfach auf den Boden fallen.

»Ha! Wieder nur eine Zwei!« triumphiert Frieda. »Ich hab gewonnen!«

»Du gewinnst immer«, mault Sebastian. Ihm macht das Würfeln überhaupt keinen Spaß; die kleinen Pünktchen auf den verschiedenen

Seiten kann er kaum auseinanderhalten, nur die Eins und die Sechs erkennt er sofort.

»Komm, noch mal!« Frieda wiegt den Würfel vorsichtig in der Hand, dann bepustet sie ihn und murmelt Unverständliches.

Sicher wieder einer ihrer Zaubersprüche, denkt Sebastian. Er weiß nicht, was er davon halten soll. Einerseits sieht Frieda aus wie ein ganz normales Mädchen von acht Jahren, wenn man davon absieht, daß sie ziemlich dick und ziemlich schlampig ist, andererseits kann man ihr gewisse übernatürliche Kräfte nicht absprechen, zumindest beim Würfeln nicht.

»Du hast eine Eins!« ruft Sebastian begeistert, nun *muß* er gewinnen.

Frieda schaut ihn streng an: »Wir spielen jetzt andersrum, man muß die kleinste Zahl würfeln. Wenn du jetzt eine Zwei kriegst, hast du schon verloren!«

Sebastian will gerade anfangen zu weinen – das tut er immer, wenn ihm nichts einfällt, womit er Frieda widersprechen könnte –, da kommt Frau Gramlich mit ihrem kleinen Pudel von der Straße herein. »Puhh, wie das hier wie-

der riecht! Beeil dich, Püppi, das ist ja entsetzlich!« Schnell stöckelt sie die Treppe hinauf
und zieht Pudel Püppi hinter sich her, der sich
sehr für Friedas Käsebrot interessiert. »Harzer Käse, Sauerkraut, gebratene Zwiebeln, was
ist das für ein Haus!« hört man Frau Gram-

lich schimpfen, bevor sie im ersten Stock verschwindet.

Frieda betrachtet ihre Stulle, macht zwei große Bissen, und weg ist sie.

Sebastian hält die Nase in die Luft und schnuppert.

»Sauerkraut und Blutwurst bei Schulzes, Leber mit Zwiebeln und Äpfeln bei Fräulein Niedermaier«, stellt Frieda fest. Sie kennt sich aus; manchmal, wenn sie aus der Schule kommt, läuft sie schnüffelnd an den Wohnungstüren entlang, und da, wo es besonders gut riecht, klingelt sie und macht ein trauriges Gesicht: »Meine Mama ist nicht da, und ich habe solchen Hunger!« Natürlich wird sie dann eingeladen, sich mit an den Tisch zu setzen.

Heute ist jedoch nichts dabei, was Frieda interessieren könnte, sie ist nämlich Vegetarierin, sie mag kein Fleisch außer Würstchen und Buletten, denn die schmecken nicht so fleischig, meint sie.

»Findest du, daß es stinkt?« fragt Sebastian.

»Es stinkt nicht, es riecht höchstens«, erklärt Frieda.

»Und was stinkt?« will Sebastian wissen.

»Komm mit in mein Labor, ich zeige es dir.«
Seit neuestem hat Frieda etwas, das sie »mein
Labor« nennt. Sebastian kann sich nichts dar-
unter vorstellen und ist sehr gespannt. Um
so enttäuschter ist er, als Frieda ihm in ihrem Zimmer das Labor vorführt: Glasfläsch-
chen, bauchig-runde oder länglich-schmale,
der Rand ist teilweise abgebrochen, stehen auf
dem Tisch, an dem sie normalerweise Schul-
arbeiten macht.

Frieda hält eine Flasche mit blaurotem Inhalt
hoch: »Das ist Rote-Bete-Saft, und das hier...«
sie zeigt auf etwas Grünes »... ausgepreßter
Spinat.«

»Igitt, Spinat!« Sebastian schüttelt sich. »Was
machst du denn damit?«

»Damit macht man Expirimente«, sagt Frieda.

»Mexpiri ... was?«

»Expirimente, das ist, wenn man was zusam-
menschüttet, und dann zischt und dampft es
und stinkt ganz toll.«

»Zeigst du mir das?« Sebastian ist nun doch
neugierig geworden.

»Also setz dich hin und sei still.«

Frieda zieht sich einen weißen Kittel an, der ihr bis zu den Füßen reicht. Dann holt sie ein Einweckglas herbei. »Ich stelle jetzt einen Gestank her, der einmalig ist auf der Welt. Aber du darfst niemandem das Rezept verraten!«

Da Sebastian nicht weiß, was ein Rezept ist, nickt er nur mit dem Kopf.

Frieda läuft hin und her, vom Bad in die Küche und wieder ins Zimmer. Seltsame Dinge hat sie auf dem Tisch aufgebaut.

»So, jetzt beginne ich: Zuerst kommt eine Zwiebel ins Glas, in drei Teile geschnitten, dann eine fünfgeteilte Kartoffel, sieben Teelöffel Zucker. Und hier das Wichtigste!« Sie hält ein Knöchelchen hoch: »Das Schlüsselbein eines Wiesels, vom Mondlicht gebleicht!«

Wo Frieda das nur her hat?

»Und Drachenblut!«

»Ich denk, das ist der Rote-Bete-Saft?«

»Papperlapapp! Das hab ich doch nur gesagt, damit du dich nicht gruselst.«

Frieda gibt nun etwas blauen Badeschaum in ein Glasröhrchen, schüttelt es, hält es gegen das Licht und gibt den Inhalt in das Weckglas. Zum Schluß streut sie Salz und Mehl – Zaubersalz und Zaubermehl, natürlich – darüber, so daß alles mit einer weißen Schicht bedeckt ist. Sie schließt das Glas. »So, jetzt muß es

vergraben werden, und ich darf es nach sieben Tagen erst wieder rausholen.«

»Und der Gestank?«

»Der braucht so lange, um zu wachsen.«

Frieda geht mit Sebastian aus der Wohnung, die Treppe hinunter. »Jetzt stinkt also nichts? Das ist gemein. Du hast es mir versprochen!«

»Wart's doch ab, ich hab noch was für dich.«

Auf dem Hof angekommen, schaut sich Frieda um. Von Herrn Schmittke ist nichts zu sehen. »Der Feind macht Mittagsschlaf und wird uns nicht stören«, flüstert Frieda.

Unter dem Ahornbaum in der Mitte des Hofes zieht Frieda ein Stöckchen aus dem Boden und gräbt mit einem Löffel die Erde auf. Ein Einmachglas kommt zum Vorschein. Frieda zieht es heraus und stellt das soeben gefüllte in das Loch, schaufelt zu und steckt das Stöckchen wieder hinein. Sie nimmt das ausgebuddelte Glas, klopft den Dreck ab und macht ein geheimnisvolles Gesicht. »Das dürfte ich eigentlich erst heute um Mitternacht ausgraben, aber weil du es bist, mach ich eine Ausnahme!«

Sie gehen über den Hof ins Vorderhaus, eine

Treppe hoch bis vor die Tür von Frau Gramlich. Frieda meint, da sei genau der richtige
Ort, um zu prüfen, ob das »Expiriment« auch
geglückt sei.

Vorsichtig öffnet Frieda das Glas. Mutig schaut
Sebastian hinein. Was er sieht, ist einfach
scheußlich: eine schwarzbraune Masse, die
weißliche Blasen wirft. Und erst der Geruch!
Unbeschreiblich! Sebastian hält sich schnell
die Nase zu.

Hochbefriedigt stellt Frieda das geöffnete Glas
neben den Fußabtreter von Frau Gramlich.

Ein Stockwerk höher hat Sebastians Mutter die
Tür geöffnet: »Bist du das, Sebastian? Meine
Güte, was stinkt hier denn so?«

Frieda läuft schnell die Treppe hinunter und
verschwindet. Sebastian geht – die Hand auf
die Nase gepreßt – nach oben. »Ich weiß auch
nicht, was das ist, Mama«, nuschelt er.

»Komm schnell rein, damit ich die Tür zuma-
chen kann!«

Eine Treppe tiefer öffnet Frau Gramlich gerade die Tür, um mit Püppi Gassi zu gehen.
»O nein, das darf doch nicht wahr sein!« ruft

sie und ist einer Ohnmacht nahe, während Püppi interessiert an dem Glas schnuppert und dabei mit dem Schwanz wedelt.

Nun gehen ringsum die Wohnungstüren auf, selbst Schulzes lassen Sauerkraut und Blutwurst im Stich, um zu sehen, was es gibt. Aber sie sehen nichts, sie riechen nur. Schließlich eilt Herr Schmittke herbei. Er hat vorsichtshalber Handschuhe angezogen. Schimpfend trägt er Friedas Gestankglas davon, um es ganz tief in der Mülltonne zu versenken. Die Türen schließen sich, es herrscht wieder Ruhe.

Frieda verabschiedet sich

Sebastian sitzt beim Mittagessen, unruhig rutscht er auf dem Stuhl hin und her. Ab und zu reicht er kleine Fischstückchen unter den Tisch zu Ottokar, der Männchen macht wie ein Hund. Trotzdem wird und wird der Teller nicht leer.

»Bist du schon satt?« fragt Sebastians Mutter.

»Und wie!« Sebastian springt vom Stuhl. »Darf ich aufstehen?«

Die Mutter lächelt. »Du scheinst es heute ja ganz besonders eilig zu haben. Was gibt es denn Wichtiges?«

»Frieda wartet auf mich, ich muß ganz schnell rüber!« Und schon ist er zur Tür hinaus.

Vorhin, als Frieda aus der Schule kam, hatte sie bei Sebastian geklingelt und ihm gesagt, er solle eine Stunde später zu ihr kommen, sie hätte eine Überraschung für ihn.

Draußen gießt es in Strömen, und Sebastian läuft über den regennassen Hof.

Unten kommt ihm Herr Schmittke entgegen: »Kannst du dir nicht die Füße abputzen? Ich muß dann wieder den ganzen Dreck auf der Treppe wegmachen!« begrüßt er Sebastian.

Der streicht sich sorgfältig die Schuhe auf dem Treppenvorleger ab, bevor er hinaufgeht.

Herr Schmittke ruft ihm hinterher: »Wehe euch, wenn ihr wieder etwas ausheckt!«

Stufe für Stufe klettert Sebastian in die Höhe, an vielen Türen vorbei, bis er an die eine kommt, die ein großer grüner Frosch aus Pappe schmückt. Der stammt von Frieda. Sie hat ihn gemalt, als sie noch nicht schreiben konnte.

Frieda öffnet die Tür und fragt: »Hast du schon zu Mittag gegessen?«

Sebastian ist außer Atem von den drei Treppen und nickt bloß mit dem Kopf.

»Das ist schade. Ich habe einen kleinen Imbiß für uns vorbereitet.«

»Was ist denn das, ein Imbiß?«

»Das gibt es nur bei feinen Leuten, ist sehr teuer.« Frieda macht ihr ganz bestimmtes Gesicht. Das tut sie immer, wenn sie von Dingen spricht, die Sebastian nicht kennt.

»Richtigen Hunger darf man sowieso nicht haben bei einem Imbiß, nur Appetit, das ist vor-
nehm.« Sie bittet Sebastian in ihr Zimmer und
weist großartig auf ihren Schreibtisch. Den hat
sie in die Mitte des Zimmers gerückt und mit
einer weißen Papiertischdecke geschmückt. In
der Mitte steht ein Zahnputzbecher mit einer
Rose darin. Eine Rose, die genauso aussieht
wie die Rosen an dem Strauch unten auf dem
Hof. Wenn das Herr Schmittke wüßte ...
Sebastian setzt sich an den Tisch. Vor ihm steht
ein kleiner Unterteller mit Goldrand, der einen großen Sprung in der Mitte hat. Friedas

Teller ist etwas größer und mit blauen Röschen bemalt.

Prunkstück des Tisches ist jedoch eine Tortenplatte aus weißem Porzellan mit Schnörkelfuß. Auf ihr liegen geröstete Brotscheiben, an den Rändern etwas verkohlt, belegt mit Harzer Käse und einem Klacks Senf. Garniert ist das Ganze mit großen grünen Blättern und rosa Blüten. »Das ist von unserer Geranie und nur zum Angucken da!«

Frieda holt nun noch winzigkleine Gläser herbei und füllt sie mit Waldmeistersirup. »Die sind für Likör«, erklärt sie. »Ich hab sie von Fräulein Niedermaier geschenkt bekommen, das Geschirr auch, weil ich ihr den Müll runtergetragen habe.«

Sebastian ist beeindruckt. Bisher war er nur zu Kindergeburtstagen eingeladen mit Papptellern, Plastikbechern und Papierluftschlangen.

»Sehr zum Wohl, Sebastian!« sagt Frieda und stößt mit ihrem Glas an seins. »Ich habe einen Grund zum Feiern!«

»Sag doch endlich, was los ist!« drängt Sebastian.

Aber Frieda läßt sich Zeit, nimmt erst einmal ein Häppchen und spricht mit vollem Mund: »Ich trete eine Reise an.«

»Aber es sind doch gar keine Ferien«, wendet Sebastian ein.

»Ach, weißt du, es gibt eben ganz besondere Reisen für ganz besondere Menschen. Ich fahre ganz allein!« setzt sie stolz hinzu.

»Das gibt es nicht, du bist doch ein Kind, Kinder fahren nie allein weg.«

»Solche wie du nicht, ich schon!«

Frieda hat fast alle Harzerschnittchen aufgegessen, schnell greift sich Sebastian das letzte.

»Und wo fährst du hin?«

»Oh, weit weg, ganz weit weg.« Frieda verdreht die Augen, als ob sie in unermeßliche Fernen blicken würde. »Ans Meer!«

»An was für ein Meer?« fragt Sebastian.

»An die Nordsee.«

»Aber da fährt man doch nur im Sommer hin.«

»Du vielleicht, kleine Kinder dürfen überhaupt nur im Sommer an die Nordsee. Im Herbst ist es zu wild: Wind, Sturmflut, Überschwemmung! Das ist lebensgefährlich!«

»Fährst du schon morgen?« fragt Sebastian zag-
haft.

»Dummkopf, ich weiß doch erst seit heute,
daß ich überhaupt fahre. In drei Wochen geht
es los. Juchhuuh!« Frieda springt vom Tisch

auf und tanzt durchs Zimmer. »Sechs Wochen keine Schule, nur ich und das Meer!«

»Machen wir vorher noch einen Streich?« will Sebastian wissen.

»Kinderkram!« Frieda tut das verächtlich ab. »Ich hab jetzt Wichtigeres zu tun. Am besten fange ich schon mal an zu packen, damit ich auch ja nichts vergesse.«

Sie öffnet ihren Schrank, und Pullover, Schuhe, Bücher, Stofftiere, Badesachen, alles purzelt auf den Boden.

»Dann geh ich eben!« Sebastian ist beleidigt. Frieda kommt ihm auf einmal ganz fremd vor.

Wieder bei sich zu Hause fragt er seine Mutter: »Mama, können Kinder ganz allein eine Reise machen?«

»Eigentlich nicht, das wäre ja auch viel zu gefährlich«, antwortet die Mutter.

»Aber Frieda sagt, sie fährt ganz allein weg und muß nicht mehr in die Schule.«

»Frieda wird verschickt.«

»Was ist das, ›verschickt‹?«

»Weißt du, für Kinder, deren Eltern keine Zeit oder kein Geld haben, um mit ihnen in Urlaub zu fahren, gibt es Reisen, die nicht viel kosten, damit auch diese Kinder mal aus der Stadt raus kommen. Du weißt doch, Frieda war den ganzen Sommer hier, als wir in Dänemark waren, und sie braucht doch auch mal frische Luft und Natur. Und ganz allein wird Frieda auch nicht sein, sie wohnt in einem Kinderheim mit vielen anderen Kindern.«

»Davon hat sie aber gar nichts gesagt.«

Sebastians Mutter lacht: »Das glaub ich gern. Ich kann mir vorstellen, daß das Frieda nicht so gut gefallen dürfte.«

»Mama, sind sechs Wochen lang?«

»Sechs Wochen können sehr lang sein, wenn man nichts mit sich anzufangen weiß. Aber du kannst so viele schöne Sachen machen auch ohne Frieda, nicht wahr?«

Drei Wochen später reist Frieda ab; mit zwei Koffern und einer großen Tasche, auf dem Kopf einen Strohhut, unter dem Arm eine aufgeblasene Gummi-Ente.

»Fehlt bloß noch die Taucherbrille«, meint Sebastians Vater, der wie die anderen Hausbe-

wohner Friedas Abreise vom Balkon aus beobachtet.

Dann ist Frieda endgültig fort. Sebastian geht
durchs Haus, merkwürdig still ist es.

Auf dem Hof fegt Herr Schmittke die welken
Blätter zusammen: »Na, endlich ist hier mal
Ruhe eingekehrt, man war sich ja seines Le-
bens nicht mehr sicher.«

Frau Gramlich kommt mit Pudel Püppi auf den Hof und wirft mit spitzen Fingern ihre Mülltüte in die Tonne: »Ich hoffe, dieses gräßliche Kind kommt so schnell nicht wieder, die Mutter ist wirklich zu bedauern!«

Herr Schmittke nickt grimmig mit dem Kopf. Anscheinend sind wirklich alle froh, daß Frieda weg ist. Nur Fräulein Niedermaier nicht. Sie sagt zu Sebastian: »Die Frieda wird mir fehlen, ich unterhalte mich so gern mit ihr. Ein phantasievolles Kind!«

Sebastian weiß nicht, was ein phantasievolles Kind ist, er weiß nur, daß ihm ohne Frieda nichts mehr richtig Spaß macht. Was soll er nur anfangen? Herrn Schmittke einen Streich spielen: aber was für einen? Stinkbomben basteln: aber wie ging das bloß? Seifenblasen? Das macht nur Spaß im Freien, aber draußen ist es jetzt zu kalt. Traurig sitzt Sebastian in seinem Zimmer und klagt Ottokar sein Leid: »Mama sagt, vor Weihnachten ist Frieda wieder da. Aber bis Weihnachten, das ist ja noch eine Ewigkeit!«

»Weißt du, was die Ewigkeit ist?« hat ihm

Frieda mal erklärt. »Ganz am Ende der Welt gibt es einen Berg, der ist tausend Meter hoch und ganz aus Diamant. Und alle hundert Jahre kommt ein kleiner Vogel und wetzt seinen Schnabel an dem Berg, und wenn der Berg ganz abgewetzt ist, dann ist eine Minute von der Ewigkeit vorbei.«

Besuch bei Fräulein Niedermaier

Sebastian hat schlechte Laune. Im Kindergarten hat ihm ein Junge das wunderbare Bild zerrissen, das er seiner Mutter schenken wollte. Einen großen Blumenstrauß hatte Sebastian gemalt, er ist sicher, daß er nie wieder so ein schönes Bild wird malen können. Zum Mittagessen gab es Porree in weißer Soße. Sebastian haßt Porree, man behält so einen blöden Geschmack im Mund davon. Heute nachmittag wollte seine Mutter eigentlich mit ihm spielen, aber jetzt sitzt sie in ihrem Zimmer und arbeitet. Sie ist Lehrerin und muß einen großen Stapel Hefte durchgucken. Korrigieren nennt sie das. Sebastian haßt auch die Schule.

Was soll er bloß machen? In sein Zimmer mag er nicht gehen, da liegt alles auf dem Fußboden herum: die halb aufgebaute Eisenbahn, die kleinen Tüten und Pakete aus dem Kaufmannsladen, der Tuschkasten, die Bausteine. Da ist kein Platz, um auch nur den Fuß hinzusetzen.

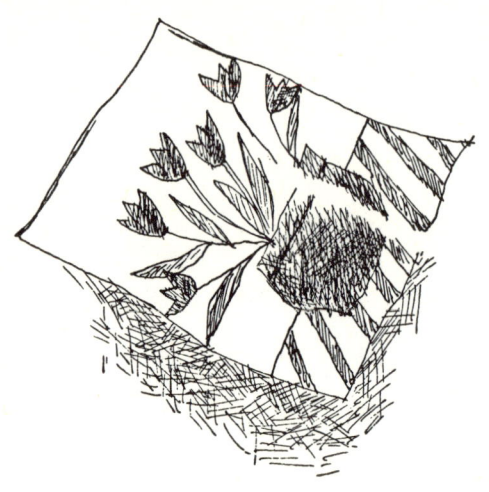

»Du könntest eigentlich dein Zimmer aufräumen, dabei kannst du dich nicht langweilen, und hinterher bist du froh, daß alles schön ordentlich ist«, sagt Sebastians Mutter.

»Frieda hat gesagt, ich muß heute unbedingt zu ihr kommen«, schwindelt Sebastian, aber er hat wirklich keine Lust, sein Zimmer aufzuräumen.

Als er zu Frieda hinaufläuft, hat er schon fast wieder gute Laune. Wie gut, daß sie endlich wieder da ist, und bestimmt fällt ihr irgend etwas Lustiges ein. Vielleicht können sie zusammen einen Pudding kochen? Friedas Puddinge sind immer etwas Besonderes, vor allem sind sie so schön bunt. Einmal hat Frieda sogar einen blauen Pudding gemacht, so was hatte Sebastian noch nie zuvor gesehen.

Sebastian klopft bei Frieda an die Tür – an die Klingel reicht er noch nicht heran –, und Frieda macht auf. »Du hast mir gerade noch gefehlt!« begrüßt sie ihn.

»Frieda, wollen wir einen Pudding kochen?«

»Um Himmels willen, meine Mutter hat so geschimpft, weil neulich ihr bester Topf angebrannt war und wir die Küche nicht wieder saubergemacht haben. Außerdem habe ich im Moment ganz andere Probleme.«

»Willst du nicht mit mir spielen?« Sebastian ist enttäuscht.

»Du wirst nie begreifen, daß es auf der Welt auch noch andere Dinge gibt als Spielen. Du bist eben noch ein Kleinkind.«

»Bin ich nicht!«

»Na gut, dann kannst du mir vielleicht sagen, was ich hiermit machen soll?« Frieda hält Sebastian einen schmutziggrauen Fetzen unter die Nase.

»Ih, was ist das?«

»Das ist ein angefangener Topflappen, der bis morgen fertig sein muß. Ich weiß aber nicht, wie. Kann deine Mutter vielleicht häkeln?« Frieda zeigt Sebastian eine lange Nadel mit einem Haken oben dran.

Sebastian denkt nach. »So was habe ich bei uns noch nie gesehen.«

»Hat deine Mutter keine Topflappen?«

Sebastian schaut auf dieses seltsame Knäuel in Friedas Hand. »Ich weiß nicht, ich glaube nicht.«

»Was soll ich bloß machen?« jammert Frieda. »Dann krieg ich morgen eine Sechs!«

»Und deine Mutter?« fragt Sebastian.

»Ach, die kommt heute so spät, bis dahin bin

ich doch längst eingeschlafen. Weißt du was, wir gehen zu Fräulein Niedermaier. Ich wette, die kann häkeln!«

Frieda zerrt Sebastian mit sich die Treppe hinunter. Im Erdgeschoß begegnet ihnen Herr Schmittke. Frieda macht einen Knicks. »Schönen guten Tag, Herr Hausmeister. Sie wissen doch immer alles, können Sie mir vielleicht helfen?«

Herr Schmittke kratzt sich am Kinn. »Hm, hm, mal sehen, kommt ganz drauf an, wenn's was zu reparieren ist . . .«

»Ganz genau. Gucken Sie mal, dieser Topflappen muß ganz gemacht werden.« Frieda öffnet ihre Faust, in der das graue Etwas liegt.

»Bah, Weiberkram. Du willst mich wohl auf den Arm nehmen?«

Herr Schmittke schimpft mal wieder, und Frieda und Sebastian laufen über den Hof ins Vorderhaus.

Fräulein Niedermaier wohnt im zweiten Stock, direkt neben Sebastian. An ihrer Tür hängt ein altmodisch verschnörkelter Türklopfer in Form eines Löwenkopfes. Sebastian liebt ihn

sehr, manchmal streichelt er ihn. Das gold-
farbene Metall ist zwischen den Löwenohren
schon ganz stumpf und abgegriffen.

Jetzt zieht Frieda energisch an dem Klopfer.

»Wer ist denn da?« fragt ein dünnes Stimm-
chen von drinnen.

»Ich und Sebastian«, antwortet Frieda.

Die Tür geht auf. »Meine Kinder, wie schön,
daß ihr mich mal besucht«, begrüßt sie das alte
Fräulein Niedermaier, »kommt doch herein.«
Mit kleinen Schritten trippelt sie voran in die
dunkle Wohnung.

Sie kommen in ein Zimmer, das zwar ziemlich
groß ist, in dem aber trotzdem keine zwei Menschen Platz haben. So große Möbel hat Sebastian noch nie gesehen. Wie für Riesen gemacht. Allein der Tisch ist so breit, daß man
darauf tanzen könnte. Und erst die Stühle, da
bräuchte er eine Leiter, um hinaufzukommen,
die Lehnen enden irgendwo im Himmel. Sebastian hat ein bißchen Angst, aber Frieda, die
sich hier auskennt, zieht ihn in eine Ecke, wo
um ein niedriges Tischchen drei Korbsessel
stehen.

»Ja, ja, nehmt nur Platz, ich hole schnell ein paar Plätzchen. Ihr kommt gerade recht, ich habe mir soeben Tee gekocht.«

Fräulein Niedermaier öffnet einen der riesigen, schwarzen Schränke und holt Teller und Tassen heraus, feines Porzellan, weiß mit ganz kleinen Blümchen und Goldrand.

Sebastian mag Pfefferminztee zwar nicht besonders, aber hier schmeckt er irgendwie ganz anders als zu Hause. Auch die Plätzchen sind etwas eigenartig. Sebastian kaut ganz langsam, er weiß noch nicht, ob er sie mag oder nicht.

»Schmecken sie dir, Sebastian?« fragt Fräulein Niedermaier. »Das sind Gewürzplätzchen mit Kardamom und Sternanis.«

»Zauberkekse!« flüstert Frieda Sebastian zu. »Wenn du noch einen davon ißt, wirst du in eine Kröte verwandelt!«

Sebastian bekommt vor Schreck einen Schluckauf.

Frieda klopft ihm den Rücken und ißt ein Plätzchen nach dem anderen auf. »Bei mir wirkt der Zauber nicht, weil ich selbst eine Hexe bin.«

Fräulein Niedermaier schenkt sich ein Gläschen Johannisbeerlikör ein. »Zur Feier des Tages, ich bekomme so selten Besuch.«

Da fällt Frieda ein, warum sie eigentlich gekommen sind. Sie holt ihren schrumpeligen Topflappen hervor und zeigt ihn Fräulein Niedermaier.

Die schlägt die Hände über dem Kopf zusammen. »Mein Gott, Kindchen, was soll denn das werden, doch nicht etwa ein Topflappen?«

»Er muß bis morgen fertig sein«, murmelt Frieda kleinlaut.

»Wenn ihr noch etwas Zeit habt, dann mache ich dir schnell einen neuen.«

Fräulein Niedermaier läuft in der Wohnung herum, zieht Schubladen heraus, macht Schranktüren auf. Frieda und Sebastian drückt sie ein großes Bilderbuch in die Hand, das riecht ein wenig schimmelig, aber die Bilder sind wunderschön: eine Prinzessin mit goldenem Haar und ein grüner Frosch mit einer Krone auf dem Kopf.

Frieda zeigt auf den Frosch. »Das ist ein verzauberter Prinz, der hat auch von den Plätzchen gegessen.«

Während sie sich das Buch anschauen, sitzt Fräulein Niedermaier in ihrem Sessel, hat ein weißes Wollknäuel auf dem Schoß, und ihre Hände bewegen sich so flink hin und her, daß einem vom bloßen Zusehen schwindlig werden kann. Ab und zu greift sie nach ihrem Likörglas, nimmt einen kleinen Schluck und lächelt. Nach einer Stunde ist der Topflappen fertig.

So etwas Schönes hat auch Sebastian noch nie

gesehen: schneeweiß mit einem Rand aus Spitzen.

»Dafür krieg ich eine Eins!« jubelt Frieda.

Als Sebastian nach Hause kommt, sieht sein Zimmer noch genauso unordentlich aus wie vorher.

»Paß mal auf«, sagt Sebastians Mutter, »ich helfe dir, dann sind wir ganz schnell fertig und können Abendbrot machen.«

Wie dressiert man einen Kater?

Gestern nachmittag war Sebastian mit seinen Eltern im Zirkus. Begeistert erzählt er Frieda von seinen Erlebnissen: »Dann haben die so einen großen Käfig aufgebaut und ganz wilde Tiere sind reingekommen, Löwen, Bären, Tiger und eine schwarze Katze, die war aber auch groß.«

»Ein Panther«, sagt Frieda.

»Ja, und weißt du, was der gemacht hat? Der hat an dem Gitter gerüttelt, ich dachte, gleich springt der raus zu mir.«

»Hast wohl Angst gehabt, was?«

Sebastian ist empört. »Ich hab überhaupt keine Angst gehabt! Wenn ich groß bin, werde ich Dompteur, daß du's nur weißt!«

»Du und ein Löwenbändiger, daß ich nicht lache!«

Sebastian läßt sich nicht beirren. »Ich habe genau aufgepaßt und gesehen, wie der das gemacht hat. In der Hosentasche hat er nämlich

kleine Fleischstücke gehabt, und die hat er dann hingehalten. Ganz einfach.«

Frieda lümmelt sich auf Sebastians Bett herum. »Von wegen einfach, Jahre braucht man, ehe so ein Vieh durch einen Reifen springt oder Männchen macht. Du hast eben keine Ahnung!«

Als Frieda sieht, daß Sebastian gleich anfangen wird zu weinen, lenkt sie ein. »Wenn man noch so klein ist wie du, muß man von diesen komplizierten Dingen auch noch keine Ahnung haben, dafür hast du ja mich.«

»Du kannst das doch auch nicht.«

»Wilde Tiere dressieren? Aber sicher kann ich das!«

Sebastian schaut sich Frieda genau an. Die liegt rücklings auf dem Bett und läßt eine grünweiße Schaumzuckerschlange vor ihrem weit geöffneten Mund hin und herbaumeln, schließlich schnappt sie zu, und mit einem Haps ist die Schlange in Friedas Rachen verschwunden.

Die Erwachsenen sagen oft: »Die Frieda lügt wie gedruckt!« Sebastian findet das eigentlich nicht. Bis jetzt hat Frieda immer die Wahrheit gesagt. »Dann mach's mir mal vor, sonst glaube ich es nicht.«

Frieda setzt sich aufrecht hin und rülpst laut. »Aber gern, bring mir ein paar Bären, Löwen und Tiger, und ich werde es dir zeigen.«

Sebastian überlegt. »Wir nehmen Ottokar.

Mein Vater sagt immer, Katzen kann man nichts beibringen.«

»Im Prinzip stimmt das auch, Katzen sind einfach zu klug, aber eben nicht so klug wie ich.« Beide schauen nun auf Ottokar, der zusammengerollt zwischen den Schienen von Sebastians Holzeisenbahn auf dem Boden liegt und schläft.

Frieda schüttelt sorgenvoll den Kopf. »Das wird nicht leicht sein, Ottokar ist der dickste und faulste Kater, den ich kenne.«

»Was willst du ihm denn beibringen?« fragt Sebastian.

»Zuerst soll er mal über einen Stab springen. Habt ihr einen Besen in der Küche?«

»Ich weiß nicht, komm, wir gucken mal.« Sebastian und Frieda marschieren in die Küche. Frieda reißt die Schränke auf, findet ein altes Stück Schokolade, das sie sogleich in den Mund steckt, Kochtöpfe, Dosen mit Katzenfutter und schließlich sogar einen alten Besenstiel.

»Nun brauchen wir nur noch ein Lockmittel für Ottokar.« Frieda hebt Ottokars Freßnapf hoch und riecht an dem Inhalt. »Puh, das schmeckt ihm bestimmt nicht. Habt ihr nicht etwas Besseres?«

»Heute mittag gab es Hühnchen, da muß noch was von da sein.« Sebastian öffnet den Eisschrank. Richtig, in einer Schüssel liegt gebratenes Hühnerfleisch. »Ottokar ist ganz verrückt danach.«

»Na, wunderbar, dann kann es ja losgehen.« Sie gehen zurück in Sebastians Zimmer. Ottokar schläft immer noch. Als Frieda ihm ein Stückchen Huhn vor die Nase hält, bewegen sich seine Schnurrhaare ganz leicht, dann öffnet er ein Auge und ... schnappt so schnell zu, daß Frieda aufschreit. »Er hat mich in den Finger gebissen, es blutet!«

Sebastian ist nicht sehr beeindruckt. »Du hast doch gesagt, du kannst wilde Tiere zahm machen. Ottokar ist eben besonders wild.«

»Der ist nur verfressen, mehr nicht!«

Frieda hält die Schüssel mit dem Fleisch hoch über ihren Kopf, denn Ottokar hat sich auf die Hinterbeine gestellt, angelt mit einer Vorderpfote in der Luft und miaut kläglich.

»Los, bring mir den Besenstiel!« befiehlt Frieda. »Leg ihn über die beiden Stühle da, ja, so ist es gut. Und jetzt paß auf!«

Frieda stellt sich hinter die Besenstielhürde und hält ein Stück gebratenes Huhn in der Hand. Ottokar sitzt auf der anderen Seite und beobachtet sie. Frieda wedelt das Fleisch hin und her. »Allez hopp, Ottokar, spring rüber, dann kriegst du's!«

Ottokar beginnt sich zu putzen.

Immer energischer schwenkt Frieda ihre Hand vor Ottokars Nase, bis das Stück Fleisch zu Boden fällt und Ottokar es auffrißt.

»So was Dummes! Dein Kater ist aber auch zu blöd.«

Frieda nimmt neues Fleisch aus der Schüssel und fängt noch einmal von vorn an. Der Versuch endet damit, daß Ottokar unter dem Besenstiel herläuft und Frieda das Stück Huhn mit der Pfote aus der Hand schlägt.

»Jetzt hat er mich auch noch gekratzt, der Satanskater!«

Sebastian findet die Vorstellung sehr lustig, Frieda kann eben auch nicht alles.

»Immerhin habe ich ihm beigebracht, Männchen zu machen, siehst du?«

Wirklich, Ottokar steht auf seinen Hinterbeinen, die Schüssel mit dem Fleisch ist noch nicht leer.

Sebastian winkt ab. »Das ist keine Kunst, das macht er immer, wenn er was zu fressen haben will.«

Frieda denkt nach, womit sie Sebastian doch noch beeindrucken könnte. Schließlich stellt sie die Schüssel auf den Kleiderschrank. »Schau Ottokar, hier oben ist es nun, das leckere Fleischi. Hol's dir!«

Ottokar läuft aufgeregt vor dem Schrank hin und her. Ein paarmal richtet er sich der Länge nach auf, aber natürlich reicht er nicht bis ganz nach oben, auch wenn er für einen Kater ziemlich groß ist.

Plötzlich springt Ottokar auf einen Stuhl, von dort auf das Fensterbrett, wobei er einen Blumentopf umwirft, und dann auf den Schrank. Sofort steckt er seinen dicken Kopf in die Schüssel. Frieda und Sebastian hören, wie er schmatzt.

»Was ist denn hier für ein Lärm?« Sebastians Mutter steht im Zimmer. »Mein Gott, das hübsche Alpenveilchen! Und was macht Ottokar auf dem Schrank?«

»Frieda hat ihn gebändigt, so, wie wir es gestern im Zirkus gesehen haben. Frieda ist ein Dompteur!«

Ottokar ist inzwischen vom Schrank gesprungen und aus dem Zimmer gelaufen.

Sebastians Mutter nimmt die leere Schüssel herunter. »Das kann doch nicht wahr sein! Das ganze Hühnerfleisch ist weg! Das sollte es heute zum Abendbrot geben. Frieda! Wie konntest du nur ...«

Die Mutter dreht sich um, aber Frieda ist nicht mehr da. Genau wie Ottokar hat sie es vorgezogen, sich schnell aus dem Staub zu machen.

»Jetzt muß ich nochmal einkaufen gehen, damit wir was zu essen haben. Das war nicht schön von euch!«

»Mama, ich gehe mit dir mit, aber du darfst auch nicht mehr traurig sein. Es war doch sooo lustig!«

»Na schön, du Schlingel, aber Ottokar bekommt zur Strafe kein Abendbrot.«
Ottokar kümmert das wenig, er ist satt.

Es spukt

Sebastian kommt aus dem Kindergarten. Vor der Haustür bleibt er stehen, denn er kann am Ende der Straße etwas erkennen, das ganz so aussieht wie Frieda. »Huhu, Frieda!« ruft er laut.

Frieda nähert sich im Laufschritt. Das ist ungewöhnlich, denn normalerweise bewegt sie sich höchst ungern.

Außer Atem bleibt sie vor Sebastian stehen. »Gut, daß ich dich treffe, ich muß dir was Spannendes erzählen! Es ist so spannend, daß es schon richtig gruselig ist.« Sie zieht Sebastian in den Hausflur. »Du weißt doch, daß über uns die Wohnung leer ist, schon seit einem Monat, und jetzt ... jetzt spukt es dort oben.«

»Du meinst, ein richtiges Gespenst?« Sebastian ist skeptisch. Frieda übertreibt manchmal.

»Natürlich ein Gespenst, was denn sonst?«

»Na, vielleicht eine Maus oder so.«

Frieda ist entrüstet. »Meinst du, ich kann eine Maus nicht von einem Gespenst unterscheiden? Es poltert und schlurft jede Nacht genau über meinem Bett, und ...«

In diesem Moment betritt Frau Gramlich mit Pudel Püppi das Haus, sie stolpert über Friedas Schulmappe, die diese auf den Boden geworfen hat.

»Kind! Das ist ja lebensgefährlich! Was habt ihr überhaupt hier herumzulungern?«

»Frieda hat ein Gespenst!« platzt Sebastian heraus.

»Gespenster gibt es nicht, genausowenig wie den Weihnachtsmann!« Frau Gramlich streicht sich den Rock glatt. »Anstatt ständig Erwachsene zu belästigen, solltet ihr lieber etwas Vernünftiges tun. Komm Püppi, du bist ein braves Hundi!« Sie tätschelt Püppis Kopf und stakst davon.

»Was meint sie mit ›etwas Vernünftiges tun‹?« fragt Sebastian.

»Brav auf einem Stuhl sitzen, Haferflocken essen, Gedichte auswendig lernen und solche Sachen.«

Sebastian schüttelt sich. »Glaubst du, sie hat das als Kind gemacht?«

»Frau Gramlich war bestimmt kein Kind, die war immer Frau Gramlich.«

Sebastian nickt mit dem Kopf, das leuchtet ihm ein. »Und was machen wir jetzt mit deinem Gespenst?«

Frieda kaut auf ihrem Pferdeschwanz herum, das tut sie immer, wenn sie besonders angestrengt nachdenkt. »Eigentlich müßte ich um Mitternacht nach oben gehen und es überraschen. Manchmal – wenn die Gespenster noch jung und unerfahren sind – erschrecken sie dann so sehr, daß sie sich einen anderen Platz zum Spuken aussuchen. Aber wenn es ein altes Gespenst ist, dann ...«

»Was macht es dann?«

»Dann nimmt es seinen Kopf ab und segelt um dich herum, bis du vor Angst stirbst!«

Sebastian kriegt einen großen Schreck. »Das darf es nicht, Frieda!«

Frieda legt den Arm um Sebastian. »Mach dir keine Sorgen, ich bin auf jeden Fall klüger als das Gespenst, denn ich weiß, daß es das Ge-

spenst gibt, aber das Gespenst weiß nicht, daß es mich gibt. Ich habe mal eine Geschichte gelesen, da haben Kinder einen Geist so lange geärgert, bis er auf und davon gegangen ist; dabei war er schon vierhundert Jahre alt.«

»Meinst du, wir sollten das Gespenst auch ärgern? Aber wie?«

Im zweiten Stock öffnet sich eine Tür. Sebastians Mutter ruft ins Treppenhaus: »Sebastian? Bist du das? Warum kommst du nicht nach oben?«

»Gleich, Mama«, erwidert Sebastian.

Frieda nimmt ihre Schulmappe und flüstert

zum Abschied: »Komm nachher zu mir, bis dahin wird mir etwas eingefallen sein.«

Beim Mittagessen fragt Sebastian seine Mutter nach Gespenstern aus, aber sie weiß entschieden nicht so viel wie Frieda darüber. »Ich glaube erst an Gespenster, wenn ich selbst eines gesehen habe.«

»Gibt es viele Leute, die schon eins gesehen haben?«

»Es gibt viele Leute, die behaupten, eins gesehen zu haben.«

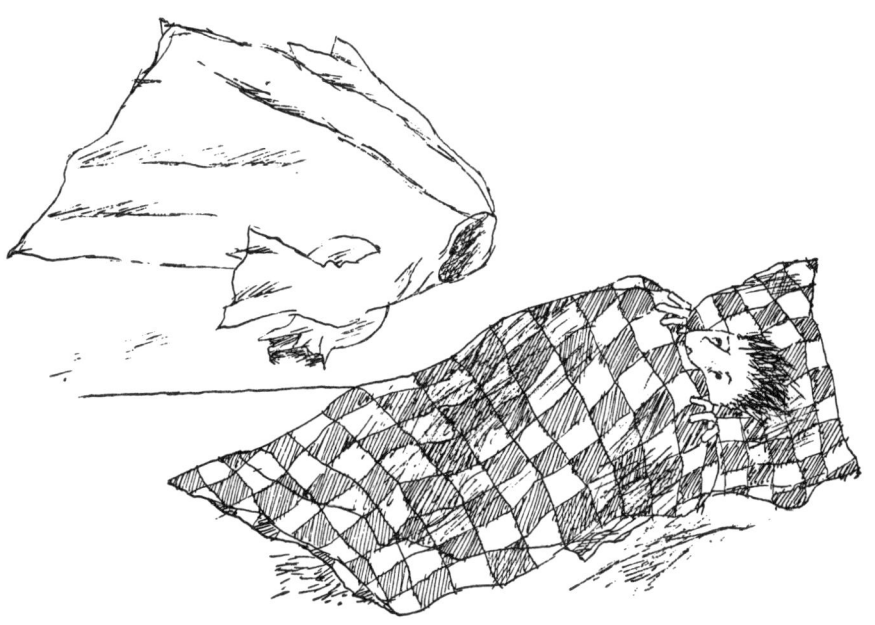

Manchmal versteht Sebastian seine Mutter nicht ganz. Wie gut, daß es Frieda gibt, die auf alles eine vernünftige Antwort weiß. Sebastian kann es wieder mal kaum erwarten, zu ihr gehen zu können.

Frieda hat seltsame Vorkehrungen getroffen. Sie trägt um den Hals eine Strippe, an der Knoblauchzehen befestigt sind, und in der Hand ein Kreuz aus Pappe. »Normalerweise nimmt man das ja zum Schutz gegen Vampire, aber vielleicht hilft es auch bei Gespenstern. Und überhaupt, vielleicht ist das Gespenst ein Vampir, denn die rennen auch um Mitternacht herum, und tagsüber liegen sie im Sarg und schlafen.«

Sebastian ist es egal, worum es sich nun im einzelnen handelt, spannend ist es allemal. Frieda schwenkt triumphierend einen Schlüssel in der Luft. »Den haben die Leute, die da oben gewohnt haben, mal meiner Mutter gegeben, als sie verreist waren, weil sie die Blumen gießen sollte. Natürlich hab ich das gemacht und irgendwie vergessen, den Schlüssel wieder zurückzugeben.«

Sebastian kann nur staunen. »Du willst da wirklich rein? Und wenn das Gespenst gerade da ist?«

»Doch nicht, wenn die Sonne scheint, Dummchen. Dann liegt höchstens ein Haufen Knochen in der Ecke rum. Ich will nur gucken, ob ich Gespensterspuren finde.«

»Muß ich mitkommen?« fragt Sebastian etwas ängstlich.

»Ja, du mußt!« Frieda ist unerbittlich. Kleinlaut fügt sie dann hinzu: »Allein mag ich eben nicht gehen.«

Sebastian fühlt sich auf einmal ganz groß und stark, er wird Frieda beschützen, ganz gleich, was passiert.

Sie gehen ein Stockwerk höher und stehen vor der Wohnungstür. Da, wo das Namensschild war, sind vier Schraubenlöcher. Frieda drückt vorsichtshalber auf den Klingelknopf. Die Klingel bleibt stumm.

»Der Strom ist abgestellt«, sagt Frieda. Sie nimmt den Schlüssel und will gerade aufschließen, da ertönen von drinnen merkwürdige Geräusche, eine Art Brummen oder Grunzen.

Sebastian möchte schnell weglaufen, aber Frieda hält ihn am Arm fest. »Sei kein Feigling!« raunt sie ihm zu und schließt doch tatsächlich die Tür auf, öffnet sie einen ganz kleinen Spalt und linst hinein.

»Kannst du was sehen?« fragt Sebastian, der ganz weiche Knie bekommen hat.

»Nein, noch nicht, aber hör doch mal!«

Ja, da ist wieder dieses Geräusch von eben, dazu kommt noch ein Scharren und Trippeln wie von ganz kleinen Füßchen.

»Vielleicht sind's ja die Heinzelmännchen«, meint Sebastian, »die tun doch nichts, oder?«

Frieda hat die Tür ein Stück weiter aufgemacht.

»Nun schau dir das an! Von wegen Gespenst!« Sebastian späht an Frieda vorbei in die leere Wohnung. Er sieht ein offenstehendes Fenster, durch das gerade eine Taube hereinfliegt, einen Zweig im Schnabel. Eine zweite läuft auf dem Fußboden herum und gurrt laut. Als Frieda und Sebastian vorsichtig näher kommen, fliegen beide Tauben davon.

»Ein Nest!« ruft Frieda. Auf dem Boden liegt ein Häuflein Reisig und mittendrin drei blaugesprenkelte Eier.

»Das dürfen wir keinem erzählen, vor allem nicht dem Schmittke. Der sagt immer, Tauben sind Ungeziefer und müssen vernichtet werden.«

Sebastian hebt die Hand zum Schwur, das hat er von Frieda gelernt.

»Gehen wir dann später gucken, ob die Jungen ausgeschlüpft sind?«

»Natürlich«, sagt Frieda »aber es ist doch schade, daß es kein Gespenst war. Tauben sind überhaupt nicht gruselig!«

Sebastian sind Tauben hundertmal lieber als Gespenster. Das sagt er Frieda aber nicht. Sie würde es wohl kaum verstehen.

Der 65. Geburtstag

Sebastian steht vor der Haustür und schaut die Straße hinunter. Er wartet auf Frieda, die jeden Moment aus der Schule kommen müßte. Sebastian wartet nicht gern; erst hüpft er ungeduldig die beiden Eingangsstufen auf und ab, dann zählt er alle vorbeifahrenden Autos, die blau sind. Bei zehn hört er auf, die Zahl, die nach zehn kommt, hat er vergessen. Immer noch keine Frieda.

Dafür erscheint Frau Gramlich mit Pudel Püppi. Die beiden kommen vom Einkaufen, Püppi trägt stolz eine Packung Hundeschleckerstangen im Maul.

»Warum frißt Püppi seine Schleckerstangen nicht gleich auf?« fragt Sebastian Frau Gramlich. »Ottokar trägt seine Katzenleckerlis nie herum, er schluckt sie immer gleich runter.«

Frau Gramlich schaut Sebastian streng an: »Dein Kater ist ein gieriges, primitives Tier, das

Zucht und Ordnung nicht kennt. Püppi hin-
gegen weiß, was Selbstbeherrschung heißt.«
Als Sebastian verständnislos guckt, fügt sie
hinzu: »Das ist wie bei den Menschen, die
einen haben Kultur, die anderen nicht.« Sie
kramt ihr Schlüsseltäschchen aus dem Ein-
kaufskorb und verschwindet im Haus.
In der Tür stößt sie um ein Haar mit Herrn
Schmittke zusammen. Der trägt braune, mit

Altpapier gefüllte Plastiksäcke, die er an den Straßenrand stellt.

Sebastian läuft zu ihm hin. »Herr Schmittke, was ist Kultur?«

Der Hausmeister kratzt sich am Kopf und überlegt. »Hm, also ... Kultur, ja, wie soll man da sagen ... ach! Frag doch deine Mutter, wozu ist die schließlich Lehrerin? Ich hab zu tun!«

Schnell geht Herr Schmittke ins Haus zurück. Aber da kommt auch endlich Frieda. Ihr Schulranzen klappert, als ob Blechbüchsen und nicht Bücher drin wären.

»Frieda, was ist Kultur?« trompetet Sebastian ihr entgegen.

Frieda gibt Sebastian einen kleinen Klaps auf den Po. »Babys wie du brauchen keine Kultur, das ist nur was für große Leute.«

Sebastian ist gekränkt und will am liebsten zu seiner Mutter laufen. Da fällt ihm ein, daß er ja eine große Neuigkeit für Frieda hat. »Frieda! Wir bekommen Besuch!«

»So! Wer soll denn das sein?«

»Mein Großonkel kommt!« verkündet Sebastian.

»Aus Amerika?« will Frieda wissen.

»Warum aus Amerika?«

»Großonkels sind immer aus Amerika, sonst sind sie nicht echt.«

»Aber meiner ist aus Pankow«, trumpft Sebastian auf.

Doch Frieda ist nicht beeindruckt: »Ih, wie langweilig.«

»Gar nicht langweilig! Der hat ja Geburtstag, und deswegen kommt er zu uns. Ist fünfundsechzig sehr alt?«

Frieda lutscht an ihrem Pferdeschwanz. »Ich glaube, so richtig alt ist man erst mit hundert. Was schenkst du ihm denn?«

Sebastian ist erstaunt: »Aber ich muß ihm doch nichts schenken, ich bin doch noch ein Kind!«

»Wir könnten eine Torte für ihn backen«, überlegt Frieda, »mit einer großen 65 drauf aus Marzipan.«

»Ist das nicht sehr schwer?«

Frieda zuckt verächtlich mit den Schultern: »Für mich eine Kleinigkeit! Komm nachher rüber zu mir, dann zeig ich es dir.«

Froh läuft Sebastian nach oben; er wird dem

Onkel eine Torte schenken, die schönste Torte, die es je gab!

Eine Stunde später klopft Sebastian bei Frieda an die Tür.

Frieda öffnet. »Was hast du denn da?« fragt sie. »Ein Bilderbuch?«

»Nein, das ist ein Kinderbackbuch, schau mal.« Sebastian hält das Buch hoch.

Frieda winkt ab: »Papperlapapp, so was brauchen wir nicht, komm endlich rein!«

»Aber meine Mutter hat gesagt ...« mault Sebastian.

»Willst du nun eine richtige, jubilige Geburtstagstorte oder einen Puppenkuchen?«

Nein, einen Puppenkuchen will Sebastian natürlich nicht.

In der Küche hat Frieda bereits einiges vorbereitet. Auf dem Tisch stehen eine Tüte Mehl, ein Päckchen Butter, eine runde Kuchenform und eine große Schüssel. Dann liegt da noch ein Buch mit schmutzig-schwarzem Einband und abgestoßenen Ecken.

»Igitt!« ruft Sebastian und zeigt mit dem Finger darauf.

Frieda nimmt das Buch und schlägt es auf. »Du hast mal wieder keine Ahnung!« belehrt sie ihn. »Das ist ein Kochbuch für Kaiser und Könige und ganz alt. Hier«, sie tippt auf eine der fettigen Seiten, »das backen wir jetzt: ›Große Biskuit-Torte auf französische Art‹. Hör gut zu: ›Es werden 1 Kilo 680 Gramm Zucker mit dem Gelben von 48 Eiern eine Stunde recht schaumig gerührt, dann wird das Weiße von den Eiern zu einem sehr steifen Schnee ge-

schlagen und dieser mit 945 Gramm Mehl ...«
Hier bricht Frieda ab, das Rezept ist noch lang.
»Natürlich nehmen wir nicht 48 Eier«, sagt sie.
»Warum nicht, wenn es da doch steht. Ist das
viel?«

Frieda rechnet: »Das sind fast fünf große Kä-
sten. Aber denk doch mal nach. Wenn das
doch eine Torte für den König war, dann hat
der ganze Hofstaat auch davon gegessen, min-
destens tausend Leute. Ihr seid aber nicht tausend Leute, oder?«

Sebastian schüttelt langsam den Kopf. »Also
teilen wir das Ganze durch zehn, das gibt
dann ...« Frieda macht die Stirn ganz kraus,
so sehr muß sie rechnen. Schließlich holt sie
drei Eier aus dem Kühlschrank und schlägt sie
an der Tischkante auf. Ein Teil des glibberi-
gen Inhaltes läuft auf den Boden.

»So ein Mist!« schimpft Frieda. »Das Weiße
und das Gelbe soll doch irgendwie getrennt
werden.«

»Vielleicht hättest du sie vorher kochen sollen«, schlägt Sebastian vor.

Aber Frieda hört nicht, sie schüttet jetzt ein-

fach alles in die große Schüssel. Eier, Mehl,
Zucker und etwas Butter. Dann rührt sie nach
Leibeskräften.

Sebastian steckt den Finger in den Teig. »Der
ist ja ganz klumpig!«

»Ach was, das geht beim Backen weg.«

Frieda schmiert nun die Kuchenform mit Butter aus und füllt die gelbe, zähe Masse hinein.
»Ab damit in den Ofen!« ruft sie fröhlich.

»Und du meinst, daß das jetzt eine richtige
Torte wird?« fragt Sebastian skeptisch.

»Die muß natürlich noch verziert werden,
wart's nur ab.«

Nun setzen sich Frieda und Sebastian in Friedas Zimmer und spielen 65. Geburtstag. Friedas Teddy, dem ein Auge und ein Arm fehlen,
stellt dabei den Großonkel dar, denn auch er
ist schon ziemlich alt.

Aus der Küche kommt ein merkwürdiger Geruch. »Die Torte brennt!« schreit Sebastian.
Frieda und er laufen schnell in die Küche. Frieda stellt den Herd ab und öffnet die Backröhre.
»Sieht fast so aus wie ein Schokoladenkuchen,
findest du nicht?«

Sebastian weint. »Du hast mir eine Torte versprochen. Jetzt habe ich keine Überraschung für meinen Großonkel!«

Frieda setzt sich auf einen Küchenstuhl und macht ein kluges Gesicht. »Weißt du, so eine Torte ist sowieso nur zum Angucken da. Sie steht auf dem Tisch, sieht schön aus, und keiner traut sich, davon zu essen. Also braucht es gar keine richtige Torte zu sein. Wir malen jetzt einfach eine, eine ganz wunderbare. Die gemalte Torte schenkst du deinem Großonkel, und der hat sein Leben lang was davon!«

Frieda ist von ihrer Idee begeistert. Schnell holt sie Pinsel, Wasserfarben und einen großen Bogen Papier. Sie malt die Umrisse einer dreistöckigen Torte auf, und Sebastian muß diese ausmalen. Mit Dunkelbraun, das ist die Schokolade, Rosa für die Erdbeersahne und Gelb für die Vanillecreme. Zum Schluß krönt Frieda die Torte mit einer goldenen 65.

»Hast du schon einmal so etwas Großartiges wie diese immerwährende, jubilige Geburtstagstorte gesehen?« fragt Frieda hingerissen. »Jedes Jahr malen wir eine neue Zahl: 66, 67, 68

und so weiter, und am Schluß eine ganz große
100, die klebt sich dein Großonkel dann auf
die Torte, immer wenn er Geburtstag hat!«
Sebastian fällt etwas ein: »Und was machen
wir mit dem Ding da im Ofen?«
»Das stellen wir auf den Hof, das wird die
TTT, die totale Taubentorte!«
Frieda hat eine Erkenntnis: »Siehste Sebastian,
so einfach ist es, alle glücklich zu machen.«

Nie wieder Schokoladenkekse!

Sebastian sitzt auf dem Küchentisch und baumelt mit den Beinen.

»Sebastian! Kannst du dich nicht woanders hinsetzen?« fragt seine Mutter. »Ich muß das Fleisch schneiden!«

Sebastian hüpft vom Tisch und schaut seiner Mutter zu, die gerade ein großes Stück Fleisch in Scheiben und diese Scheiben in viele kleine Streifen schneidet.

»Warum machst du das so klein?« will er wissen.

»Ich koche heute chinesisch«, antwortet die Mutter.

»Haben die Chinesen keine Zähne?«

»Warum sollen sie keine Zähne haben?«

»Frieda hat gesagt, ihre Oma kann keine Stulle, keinen Apfel und keinen Braten essen, weil sie keine Zähne mehr hat. Sie schneidet alles ganz klein, und dann schluckt sie es einfach runter.«

Sebastians Mutter schüttelt den Kopf: »Gibt's denn so was? Warum hat sie denn kein künstliches Gebiß?«

»Fräulein Niedermaier hat eins«, sagt Sebastian, »aber Frieda meint, ihre Oma will so was nicht im Mund haben, weil sie Angst hat, es fällt ihr beim Essen auf den Teller.«

»Sebastian! Du verdirbst mir noch den Appetit mit deinen Geschichten!«

»Und was ist mit den Chinesen?«

Sebastians Mutter schneidet Porree in ganz dünne Ringe. »Die Chinesen schneiden alles so klein, damit sie es nicht lange kochen müssen. Sie haben eine große Pfanne, da hinein kommt viel Gemüse und etwas Fleisch, das brät dann nur fünf Minuten und behält so alle Vitamine.«

Sebastian will gerade fragen, was Vitamine sind, da klingelt es an der Flurtür. Es hört gar nicht mehr auf zu klingeln.

»Sebastian, paß auf das Fleisch auf, Ottokar sitzt unterm Tisch. Ich gehe aufmachen.«

Aber Sebastian ist viel zu neugierig, um in der Küche zu bleiben. »Ottokar! Bleib ja da unten, hörst du?« ruft er dem Kater zu, der mit halb geschlossenen Augen vor sich hindöst. Im Flur hört Sebastian eine bekannte Stimme. Das ist doch Frieda!

»Hallo, Sebastian! Ich muß dir was ganz ganz Tolles zeigen!« schreit sie und hält ihm ihren Arm vors Gesicht. »Siehst du das?«

»Das ist doch bloß 'ne Uhr.« Sebastian ist enttäuscht.

»Aber was für eine! Die hab ich nämlich gewonnen!«

»Kommt in die Küche, ihr beiden, ihr könnt mir beim Kochen helfen«, sagt Sebastians Mutter energisch.

In der Küche ist Ottokar gerade dabei, die Fleischstreifen aus der Schüssel zu angeln.

»Darf er das?« fragt Frieda.

Sebastians Mutter scheucht Ottokar vom Tisch. »Was für eine dumme Frage! Hier, Frieda, du kannst die Mohrrüben schälen, und Sebastian wäscht den Blumenkohl.«

»Aber ich wollte Sebastian doch nur schnell meinen Gewinn zeigen. Ich muß gleich wieder rüber, mein Pudding brennt sonst an.«

»Eine Uhr ist langweilig«, sagt Sebastian.

»Nicht, wenn man sie in einem Preisausschreiben gewonnen hat, so wie ich.« Frieda streckt ihren Arm aus und dreht das Handgelenk hin und her. »Ist die nicht wunderbar schön?« fragt sie stolz.

»Aber Kind! Die geht ja ganz falsch!« sagt Sebastians Mutter. »Soll ich sie dir stellen?«

»Nein, danke, nicht nötig«, entgegnet Frieda.

»Aber was nützt eine Uhr, die die falsche Zeit anzeigt?«

»Das ist mir egal«, beharrt Frieda.

Sebastian planscht mit dem Blumenkohl im Spülbecken herum. »Weißt du, Mama, Frieda kann noch keine Uhr lesen.«

»Ist ja nicht wahr!« schreit Frieda. »Ich weiß immer, wie spät es ist!«

»Aber nur, wenn du zu Hause bist.«

»Wieso denn das?« Sebastians Mutter ist erstaunt.

»Weil wir eine Standuhr haben, von meiner Oma«, erklärt Frieda. »Da ist das ganz einfach. Ich zähle mit, wenn sie schlägt. Mittwochs muß ich um vier beim Flötenunterricht sein. Dann warte ich, bis die Uhr dreimal schlägt, und dann warte ich noch weiter, bis sie einmal schlägt, dann ist es halb vier. Wenn ich dann losgehe und mir unterwegs noch ein Eis und ein Mickymaus-Heft kaufe, bin ich ganz pünktlich.«

»Aber Frieda, du bist doch schon so ein großes Mädchen. Jetzt, wo du die schöne Uhr gewonnen hast, möchtest du bestimmt wissen, was

ihre Zeiger bedeuten. Ich kann es dir gern beibringen.«

Frieda denkt nach. »Eigentlich brauche ich
überhaupt keine Uhr Morgens weckt mich

meine Mutter. Mittag ist, wenn ich aus der Schule komme, und ins Bett gehe ich, wenn ich müde bin.«

»Ich muß immer um halb acht ins Bett!« sagt Sebastian. »Und halb acht ist, wenn die Zeiger *so* machen.« Er spreizt die Finger auseinander.

»Meinen Sie, man kann einen Gewinn umtauschen?« fragt Frieda Sebastians Mutter.

»Wo hast du die Uhr überhaupt her?«

»Hinten auf der Familienpackung von den Schokoladenkeksen ist immer so ein roter Punkt. Zwanzig rote Punkte mußte man ausschneiden und dann in die Schokoladenkeksfabrik schicken. Dafür habe ich die Uhr bekommen, aber die wollte ich eigentlich nicht.«

»Was wolltest du denn?«

»Den Puppenkochherd hätte ich gern gehabt, aber vielleicht habe ich die Preisfrage nicht richtig beantwortet.«

Frieda seufzt. »Da sollte man nämlich schreiben, was einem an den Schokoladenkeksen am besten gefällt.«

»Und was gefällt dir am besten?« fragt Sebastian.

»Nichts! Das heißt, am Anfang haben sie mir ja noch ganz gut geschmeckt, aber nach zehn Packungen mochte ich sie nicht mehr essen und hab nur noch die Schokolade abgelutscht. Die letzten Kekse habe ich an den Pudel von Frau Gramlich verfüttert, aber Püppi haben sie bald auch nicht mehr geschmeckt, und da habe ich geschrieben: ›Das beste an den Schokoladenkeksen ist, daß ich einen Puppenherd gewinnen kann.‹ Das war sicher nicht richtig.«

»Weißt du, Frieda, das ist ganz egal, was man da schreibt, das liest sowieso keiner. Die wollen doch nur ihre Kekse verkaufen«, tröstet Sebastians Mutter. »Zeig mir doch noch mal deine Uhr.«

Frieda macht die Uhr ab und gibt sie Sebastians Mutter.

»Das ist wirklich eine sehr hübsche Uhr. Ich mache dir einen Vorschlag, Frieda: Ich hätte Sebastian zu seinem Geburtstag auch eine Uhr geschenkt, dann bekommt er sie eben jetzt schon. Und nach dem Essen gehen wir los und kaufen für dich einen Puppenkochherd. Bist du damit einverstanden?«

»Und wie!« Frieda springt vor Freude hoch in die Luft. »Dann bleibe ich gleich hier und schäle so viele Mohrrüben, wie Sie wollen!«

Sebastian bindet sich die Uhr um. »Ist die auch wasserdicht?« fragt er fachmännisch und will sie gleich unter den Wasserhahn halten.

»Probier es lieber nicht aus, sonst geht sie noch kaputt«, sagt seine Mutter und holt den Blumenkohl aus dem Spülbecken. »Wir müssen uns mit dem Essenmachen etwas beeilen, sonst kommt Frieda nie zu ihrem Herd.«

»Du hast doch gesagt, die Chinesen brauchen zum Kochen nur fünf Minuten. Wenn du mir jetzt zeigst, wieviel fünf Minuten auf meiner Uhr sind, Mama, dann sag ich dir, wann das Essen fertig sein muß.«

Sebastians Mutter lacht: »Ich glaube, eine Uhr für dich war keine so gute Idee!«

»Ich nehm sie aber nicht mehr zurück!« ruft Frieda erschrocken. »Getauscht ist getauscht!«

Sebastian überlegt: »Noch hast du deinen Herd nicht, und du kriegst ihn nur, wenn du für mich was drauf kochst, es muß ja nicht chinesisch sein.«

»Alles, was du willst, von mir aus auch posematuckisch oder indianerisch oder kannibalisch oder ...«

»Kannibalisch klingt gut«, sagt Sebastian. »Ich möchte aber lieber einen Puppenpfannkuchen, der muß aber klitze-klitzeklein sein!«

»Versprochen!« Frieda hebt die Hand zum Schwur. »Der wird so klein, daß du ihn nur mit der Lupe erkennen kannst. In Zukunft esse ich überhaupt nur noch Puppenpfannkuchen. Und nie wieder Schokoladenkekse!«

Bescherung ohne Weihnachtsmann

Sebastian sitzt auf dem Balkon und beobachtet Ottokar. Ottokar fängt Fliegen. Er kann das sehr gut: Setzt sich eine Fliege an die Wand oder auf den Boden, schlägt Ottokar mit seiner Pfote zu, ganz leicht. Und dann? Dann frißt er die Fliege auf.

Sebastian mag das gar nicht. Ihm tun die dicken Fliegen leid, die nun in Ottokars Magen verschwinden, und er legt sein Ohr an Ottokars Bauch, um sie dort summen zu hören.

»Ottokar! Paß auf! Eine Wespe!« ruft Sebastian. »Die darfst du nicht verschlucken!«

Die Wespe surrt um Ottokars Nase herum, ihr schwarzgelbgestreifter Hinterleib krümmt sich bedrohlich. Schnell nimmt Sebastian den schweren Kater in seine Arme und trägt ihn in die Wohnung. »Komm, Ottokar, wir gehen in die Küche und schauen, ob noch ein paar Katzen-Leckerlis da sind.«

Das läßt sich Ottokar nicht zweimal sagen.

Aber die Packung mit den Leckerlis ist leer bis
auf ein paar Krümel. Die schüttet Sebastian
auf den Fußboden, und Ottokar leckt sie
schnell auf; dann schaut er Sebastian erwar-
tungsvoll an.

»Mama! Ottokars Leckerlis sind alle!« sagt Sebastian zu seiner Mutter, die gerade in die Küche kommt.

»Am besten, du gehst welche kaufen, Sebastian«, sagt die Mutter. »Aber keine mit Fisch, die stinken so.«

Als Sebastian die Treppe herunterkommt, hört er lautes Geschrei im Hof. Natürlich! Herr Schmittke brüllt mal wieder. Da verschwindet man besser.

Aber ein ganz klein wenig neugierig ist Sebastian doch. Vorsichtig schleicht er durch den Hausflur und äugt in den Hof. Was er da sieht, ist einfach entsetzlich: Herr Schmittke hält die zappelnde Frieda fest am Kragen und schüttelt sie hin und her. »Das gibt eine Anzeige! Ich hole die Polizei!« schreit er. »Du kommst in die Besserungsanstalt!«

Sebastian weiß nicht, was er tun soll, um Frieda zu befreien. »Hilfe! Mörder! Hilfe!« ruft er schließlich ganz laut.

Herr Schmittke dreht sich um, Frieda reißt sich los und flitzt wie ein Hase so schnell über den Hof ins Hinterhaus.

Frieda ist gerettet, und Sebastian hockt sich schnell unter die Treppe. Der Hausmeister erscheint im Treppenhaus, ganz deutlich kann Sebastian seine Schuhe mit den dicken Sohlen erkennen. Vor Sebastians Versteck geht Herr Schmittke ein paarmal auf und ab: »Wo ist dieser verdammte Lausejunge? Wenn ich den in die Finger kriege ...«

Eine Treppe höher öffnet sich eine Tür. »Herr Schmittke? Sind Sie das?« fragt Frau Gramlich. »Bitte, kommen Sie doch mal rauf, mein Wasserhahn tropft schon wieder.«

Brummend macht sich der Hausmeister auf den Weg.

Sebastian kriecht erleichtert unter der Treppe hervor, geht über den Hof und die Treppen hinauf zu Frieda.

Auf Sebastians Klopfen öffnet Frieda die Tür einen winzigen Spalt. »Du bist es! Na, so ein Glück!« sagt sie und läßt Sebastian herein.

»Ich habe dich gerettet, Frieda!«

Sebastian ist sehr stolz auf sich, aber Frieda winkt ab. »Du hast den Schmittke gerettet, ich wollte ihn gerade vors Schienbein treten, als du geschrien hast. Aber das mach ich eben später.«

»Was war denn los?« will Sebastian wissen.

Frieda zeigt auf einen Tannenzweig, der auf

dem Boden liegt. »Er hat mich erwischt, als ich das da abgebrochen habe.«

»Und wozu brauchst du das?«

»Wofür braucht man wohl eine Tanne? Für Weihnachten natürlich!« Frieda nimmt den Zweig und geht in ihr Zimmer.

Sebastian überlegt. »Jetzt ist doch Sommer und nicht Weihnachten, Frieda.«

»Na und? Ich habe eben Lust auf Weihnachten; wenn du willst, kannst du mitspielen. Als erstes schmücken wir den Baum.«

Frieda drückt Sebastian eine Schere und Goldfolie in die Hand. »Du schneidest ganz schmale Streifen, nicht dicker als Luftschlangen. Ich mach die Sterne, denn das ist sehr schwer.«

Frieda nimmt weißes Papier, faltet es mehrmals und schneidet mit einer Nagelschere Löcher hinein. Dann zieht sie das Papier auseinander.

»Oh!« staunt Sebastian. »Das ist ja wirklich ein richtiger Stern!«

Die beiden schnippeln nun um die Wette. Frieda singt »O Tannenbaum«, »Morgen Kinder wird's was geben« und »Kommet ihr Hirten«. Sebastian findet, daß Frieda sehr schön singt, und Weihnachtslieder sind überhaupt die schönsten Lieder auf der Welt.

»Ich bin fertig!« ruft er dann und zeigt Frieda sein Werk: unzählige goldene Streifen, nicht dicker als Luftschlangen.

»Die gehen zur Not«, meint Frieda und gibt Sebastian einen Klebestift. »Du weißt doch, wie man eine Kette macht? Oder lernt ihr das nicht im Kindergarten?«

Sebastian klebt die Streifen zu Ringen und hängt sie ineinander.

Frieda hat den Tannenzweig in eine Vase gestellt und hängt die Sterne auf.

»Du mußt dir vorstellen, der Baum ist hundert Meter hoch und reicht bis an die Decke. Er steht auf einer Spieluhr und dreht sich im Kreis«, sagt Frieda. »Ich bin der Vater und schmücke den Baum, du bist die Mutter und reichst mir die goldenen Äpfel und Nüsse aus der Weihnachtskiste.«

Sebastian gibt Frieda die Kette aus Goldpapier. Damit sieht der Zweig wirklich sehr weihnachtlich aus. Er duftet leicht nach Harz.

»Nun, liebe Frau«, sagt Frieda mit tiefer Stimme zu Sebastian, »es wird Zeit, daß du den Kindern bis zur Bescherung eine Geschichte vorliest. Sie werden sonst ungeduldig. Ich werde in die Küche gehen und nachsehen, ob die Köchin den Gänsebraten auch fleißig begießt.«

Frieda setzt ihren Teddybären und den Stoffelefanten auf ihr Bett. »Das sind die Kinder, sie sind schon sehr gespannt auf ihre Geschenke. Du mußt sie etwas ablenken.«

Sebastian nimmt den Teddybären in den Arm und flüstert ihm ins Ohr: »Du mußt ganz lieb

und artig sein, dann kommt der Weihnachtsmann und bringt dir die allerschönsten Geschenke.«

In der Küche hört man Frieda mit Geschirr
klappern. »Die Gans ist schon knusprig!«
schreit sie.

Es klingelt. Sebastian rennt zur Tür. »Das ist
der Weihnachtsmann!« ruft er und macht auf.
Vor der Tür steht Herr Schmittke. »Dacht ich
mir's doch, daß ihr Satansbraten euch hier versteckt!« poltert er.

Sebastian ist vor Schreck ganz stumm.

Frieda kommt aus der Küche. »Guten Tag, Herr Schmittke!« flötet sie. »Das ist aber nett von Ihnen, daß Sie uns am Weihnachtsabend die Ehre Ihres Besuches machen. Ihre Geschenke können Sie gleich unter den Baum legen, die Kinder werden sich freuen!«

Herr Schmittke kratzt sich am Kopf: »Bist du jetzt verrückt geworden? Weihnachten? Kinder?«

Sebastian zupft den Hausmeister vorsichtig am Ärmel. »Wollen Sie sich nicht den Weihnachtsbaum angucken? Er ist hundert Meter hoch mit ganz viel Gold«, sagt er mutig.

Aus der Küche hört man es brutzeln und zischen. »Hilfe, mein Braten!« ruft Frieda. »Sie müssen mich jetzt leider entschuldigen, Herr Schmittke, aber die Köchin läßt sonst die Gans anbrennen.«

Herr Schmittke macht einen Schritt rückwärts. »Diese Bälger sind ja nicht bei Trost, das ist ja direkt unheimlich!« murmelt er und geht dann schnell die Treppe hinunter.

Sebastian hüpft fröhlich in Friedas Zimmer.

»Kinder! Gleich ist Bescherung, aber ohne Weihnachtsmann!«

Frieda bringt einen Teller mit gebratenem Brot.

»Zu Tisch! Zu Tisch! Und jeder muß ein Gedicht aufsagen, erst dann gibt es Geschenke!«

Der Teddybär kann kein Gedicht, er ist noch zu klein. Aber der Stoffelefant kennt die erste Strophe von »Hänschen klein«. Zur Belohnung bindet ihm Sebastian eine Schleife um den Rüssel, eine richtige rote Weihnachtsschleife.

Alle freuen sich, nur Ottokar nicht. Den hat Sebastian vergessen.

Ein Schweineohr für Frieda

Frieda und Sebastian sitzen auf der untersten Treppenstufe im Hausflur und spielen »Ich sehe was, das du nicht siehst«.

»Ich sehe was, das du nicht siehst, und das ist gelb, nein, vielleicht doch eher braun mit etwas Weiß«, sagt Frieda.

Sebastian überlegt und blickt sich im Treppenhaus um.

»Ich weiß, das Namensschild am Briefkasten von Fräulein Niedermaier!«

»Das ist doch gold und nicht braun«, meint Frieda.

»Na, dann der Fußabtreter da.«

»Falsch, falsch und nochmal falsch!« Bei jedem »falsch« gibt Frieda Sebastian einen kleinen Klaps. »Der ist doch dunkelbraun, und Weiß ist auch keins dabei.«

»Was anderes außer Briefkästen und dem Fußabtreter gibt es hier aber doch nicht«, mault Sebastian.

»Hab ich denn gesagt, daß es hier ist?«

»Aber du kannst doch nicht etwas sehen, das nicht da ist!«

Frieda spitzt ihren Mund: »Es ist wohl da, aber eben nicht hier!«

Das Spiel macht Sebastian überhaupt keinen Spaß mehr. »Ich geh jetzt nach oben und spiel allein.«

Sebastian will aufstehen, aber Frieda hält ihn fest. »Sei doch kein Spielverderber und denk mal nach. Es ist etwas zum Essen, ungefähr so groß wie meine beiden Hände.«

»Süß oder salzig?« fragt Sebastian.

»Ganz süß, das Weiße ist nämlich Zuckerguß.« Frieda leckt sich die Lippen.

»Dann weiß ich es!« Sebastian freut sich. »Es ist ein Schweineohr!«

Frieda nickt. Schweineohren ißt sie noch lieber als Pudding. »Ich möchte für mein Leben jetzt ein Schweineohr«, seufzt sie. »Wenn ich nicht gleich eins bekomme, falle ich tot um.«

»Warum holst du dir keins beim Bäcker?« fragt Sebastian.

»Weil ich kein Geld habe, darum!«

»Und wieviel Geld braucht man für ein Schweineohr?«

»Eine Mark und vierzig Pfennige«, sagt Frieda.

»Ist das viel?«

Frieda holt tief Luft: »Das ist sogar ungeheuer viel!«

Sebastian fällt etwas ein. »Ich kann meine Mutter fragen. Vielleicht gibt sie mir das Geld.«

»Lieber nicht, Sebastian. Deine Mutter sagt doch immer, ich soll nicht so viel Süßes essen, ich werde sonst zu dick.«

Sebastian sieht Frieda an. »Aber du bist doch schon ganz doll dick, da macht doch ein Schweineohr auch nichts mehr.«

Frieda starrt trübsinnig vor sich hin: »Meine Mutter sagt immer, das verwächst sich noch.«

Auf einmal geht die Haustür auf, und ein Mann kommt herein. Er zieht eine kleine Karre hinter sich her. Aus der nimmt er dicke bunte Hefte, die er in die Briefkästen stopft, in jeden eins.

In Sekundenschnelle ist er damit fertig und verläßt das Haus. Frieda und Sebastian hat er noch nicht einmal bemerkt.

Frieda zieht aus dem Briefkasten mit dem Namensschild ›Frosch‹ eines der Hefte heraus.

»Was ist das?« fragt Sebastian.

»Irgendein Prospekt mit Möbeln, guck mal!«

Frieda und Sebastian blättern in dem dicken Katalog und schauen sich die Bilder an.

»Und so was Schönes gibt es umsonst?« fragt Sebastian.

Frieda dreht den Prospekt um. »Ein Preis steht nirgendwo drauf, aber es sieht ziemlich teuer aus, nicht?«

Sebastian nickt, und Frieda hat eine Idee: »Weißt du was? Wir könnten die Prospekte an die Leute im Haus verkaufen, und von dem Geld hole ich mir ein Schweineohr!«

Sebastian kann Friedas Begeisterung nicht ganz teilen: »Dürfen wir das denn?« fragt er.

»Wenn du dich nicht traust, dann mach ich es eben allein!« Frieda geht die Treppe hoch in den ersten Stock, und Sebastian folgt ihr schließlich. An der Tür von Frau Gramlich bleibt Frieda stehen und klingelt.

Sofort ertönt lautes Bellen von Pudel Püppi, dann wird geöffnet.

»Ihr seid das?« Frau Gramlich scheint enttäuscht zu sein. »Was fällt euch ein, bei mir zu
läuten?«

Frieda hält ihr den Möbelkatalog hin: »Wir
wollten fragen, ob Sie uns das abkaufen, für...«
Frieda überlegt, »für zwanzig Pfennig.«

»Was soll ich denn damit?« fragt Frau Gramlich.

Frieda schlägt eine Seite auf, in der ein Wohn-
zimmer abgebildet ist. »Schauen Sie doch mal,
dieses grüne Sofa, das würde doch sehr gut in
Ihre Wohnung passen, oder hier der Sessel, in
den könnte sich dann Püppi legen...«

Seite für Seite blättert Frieda auf und preist die
abgebildeten Möbel an; dann holt sie tief Luft:
»Kaufen Sie das jetzt oder nicht?«

»Die Möbel? Aber nein, ich habe doch welche«, sagt Frau Gramlich, »und die sind noch
sehr gut.«

»Nein, ich meine doch den Katalog, zwanzig
Pfennig sind nicht zu teuer.«

»Wozu soll ich dafür Geld ausgeben, du hast
mir ja alles gezeigt«, sagt Frau Gramlich und
macht den Kindern die Tür vor der Nase zu.

»So ein alter Geizkragen!« schimpft Frieda. »Wenn das so weitergeht, kriege ich nie ein Schweineohr.«

»Aber warum tauschst du nicht einfach?« fragt Sebastian.

»Tauschen? Wie meinst du das?«

»Na, ganz einfach«, erklärt Sebastian. »Du tauschst das Möbelheft gegen ein Schweineohr.«

»Und wer gibt mir dafür ein Schweineohr? Der blöde Schmittke vielleicht?« Frieda ist sehr ärgerlich.

In diesem Augenblick kommt Herr Schmittke, der Hausmeister, die Treppe herunter. Er hat im vierten Stock eine kaputte Glühbirne ausgewechselt und trägt eine Leiter über der Schulter. »Was ist denn hier schon wieder los?« schimpft er. »Ich hab's euch tausendmal gesagt: Das Treppenhaus ist kein Spielplatz!«

»Aber Frieda hat Frau Gramlich doch nur Möbel gezeigt«, sagt Sebastian.

Herr Schmittke sieht den Katalog in Friedas Hand. »Wo hast du den denn her? Bestimmt geklaut!«

»Nie im Leben!« Frieda ist entrüstet. »Den haben wir geschickt bekommen.«

»Ach so, na ja«, der Hausmeister stellt die Leiter ab und streicht sich übers Kinn. »Kann ich mal sehen?« fragt er dann.

Frieda versteckt den Prospekt schnell hinter ihrem Rücken. »Wozu denn?«

»Ich brauche eine neue Schrankwand«, sagt Herr Schmittke.

»Schrankwände sind drin, ganz viele.«

»Auch welche aus Eiche furniert?« Herr Schmittke ist sehr interessiert.

Frieda nickt eifrig: »Aber natürlich! Schrankwände aus allen Bäumen, die es gibt!«

Herr Schmittke zieht ein Portemonnaie aus seiner Hosentasche und hält Frieda eine Mark hin: »Da, kannst dir einen Lutscher kaufen.«

»Phh, Lutscher!« sagt Frieda. »Ich bin doch kein Baby.« Aber schnell nimmt sie die Mark und gibt Herrn Schmittke den Katalog. Der klemmt ihn unter den Arm, nimmt die Leiter und geht pfeifend die Treppe runter.

Frieda zieht Sebastian am Ärmel: »Komm schnell weg. Wenn der erst merkt, daß bei ihm auch so ein Ding im Briefkasten steckt, wird er sicher sehr böse!«

Frieda und Sebastian laufen die Treppe immer höher, bis sie zum Boden kommen. Dort hokken sie sich hinter einen großen Wäschekorb, den jemand da abgestellt hat.

»Aber es fehlen dir immer noch vierzig Pfennige, Frieda«, flüstert Sebastian.

»Das macht nichts«, flüstert Frieda zurück. »Beim Bäcker bekommt man die Schweineohren von gestern zum halben Preis. Die sind zwar etwas vertrocknet, aber immerhin besser als gar kein Schweineohr.«

Sebastian ist sehr stolz auf seine Freundin Frieda. Er kann sich nicht vorstellen, daß es irgendwo auf der Welt ein klügeres Mädchen gibt als sie.

Die Autorin der Frieda-Frosch-Geschichten, *Sabine Ludwig*, ist 1954 in Berlin zur Welt gekommen. Sie hat Germanistik, Romanistik und Philosophie studiert und wurde Lehrerin. 1983 bekam sie den Literaturpreis des Literarischen Colloquiums in Berlin. Für die Sendereihe OHRENBÄR im SFB schrieb sie ihre ersten Kindergeschichten: Frieda Frosch. Zwei dieser Vorlesegeschichten wurden in den Sammelband »Ohrenbär« (Carlsen Verlag, Hamburg) aufgenommen. Sabine Ludwig lebt als freie Autorin in Berlin.

Die Illustratorin der Frieda-Frosch-Geschichten, *Gisela Degler-Rummel*, ist 1940 in Hamburg geboren. Sie studierte an der Werkkunstschule Hamburg Malerei und Illustration und begann schon bald, Bücher zu illustrieren und eigene Bilderbücher herauszugeben, von denen die meisten auf den Auswahllisten des Deutschen Jugendliteraturpreises stehen. Ihr neuestes Bilderbuch »Ein unerwarteter Gast« (Carlsen Verlag, Hamburg) zeigt, daß die Graphikerin auch Themen zwischen Wirklichkeit und Phantasie zu gestalten weiß. Gisela Degler-Rummel lebt in Hamburg.